Password Keeper: Discreet Black

If found please return to:

_____

_____

_____

_____

A

NAME _____

WEBSITE _____

USERNAME _____

PASSWORD _____

NOTES _____

NAME _____

WEBSITE _____

USERNAME _____

PASSWORD _____

NOTES _____

NAME _____

WEBSITE _____

USERNAME _____

PASSWORD _____

NOTES _____

NAME _____

WEBSITE _____

USERNAME _____

PASSWORD _____

NOTES _____

NAME _____

WEBSITE _____

USERNAME _____

PASSWORD _____

NOTES _____

NAME _____

WEBSITE _____

USERNAME _____

PASSWORD _____

NOTES _____

A

NAME _____

WEBSITE _____

USERNAME _____

PASSWORD _____

NOTES _____

NAME _____

WEBSITE _____

USERNAME _____

PASSWORD _____

NOTES _____

NAME _____

WEBSITE _____

USERNAME _____

PASSWORD _____

NOTES _____

NAME _____

WEBSITE _____

USERNAME _____

PASSWORD _____

NOTES _____

NAME _____

WEBSITE _____

USERNAME _____

PASSWORD _____

NOTES _____

NAME _____

WEBSITE _____

USERNAME _____

PASSWORD _____

NOTES _____

B

NAME _____

WEBSITE _____

USERNAME _____

PASSWORD _____

NOTES _____

NAME _____

WEBSITE _____

USERNAME _____

PASSWORD _____

NOTES _____

NAME _____

WEBSITE _____

USERNAME _____

PASSWORD _____

NOTES _____

NAME _____

WEBSITE _____

USERNAME _____

PASSWORD _____

NOTES _____

NAME _____

WEBSITE _____

USERNAME _____

PASSWORD _____

NOTES _____

NAME _____

WEBSITE _____

USERNAME _____

PASSWORD _____

NOTES _____

B

NAME _____

WEBSITE _____

USERNAME _____

PASSWORD _____

NOTES _____

NAME _____

WEBSITE _____

USERNAME _____

PASSWORD _____

NOTES _____

NAME _____

WEBSITE _____

USERNAME _____

PASSWORD _____

NOTES _____

NAME _____

WEBSITE _____

USERNAME _____

PASSWORD _____

NOTES _____

NAME _____

WEBSITE _____

USERNAME _____

PASSWORD _____

NOTES _____

NAME _____

WEBSITE _____

USERNAME _____

PASSWORD _____

NOTES _____

C

NAME _____

WEBSITE _____

USERNAME _____

PASSWORD _____

NOTES _____

NAME _____

WEBSITE _____

USERNAME _____

PASSWORD _____

NOTES _____

NAME _____

WEBSITE _____

USERNAME _____

PASSWORD _____

NOTES _____

NAME _____

WEBSITE _____

USERNAME _____

PASSWORD _____

NOTES _____

NAME _____

WEBSITE _____

USERNAME _____

PASSWORD _____

NOTES _____

NAME _____

WEBSITE _____

USERNAME _____

PASSWORD _____

NOTES _____

C

NAME _____

WEBSITE _____

USERNAME _____

PASSWORD _____

NOTES _____

NAME _____

WEBSITE _____

USERNAME _____

PASSWORD _____

NOTES _____

NAME _____

WEBSITE _____

USERNAME _____

PASSWORD _____

NOTES _____

NAME _____

WEBSITE _____

USERNAME _____

PASSWORD _____

NOTES _____

NAME _____

WEBSITE _____

USERNAME _____

PASSWORD _____

NOTES _____

NAME _____

WEBSITE _____

USERNAME _____

PASSWORD _____

NOTES _____

D

NAME _____

WEBSITE _____

USERNAME _____

PASSWORD _____

NOTES _____

NAME _____

WEBSITE _____

USERNAME _____

PASSWORD _____

NOTES _____

NAME _____

WEBSITE _____

USERNAME _____

PASSWORD _____

NOTES _____

NAME _____

WEBSITE _____

USERNAME _____

PASSWORD _____

NOTES _____

NAME _____

WEBSITE _____

USERNAME _____

PASSWORD _____

NOTES _____

NAME _____

WEBSITE _____

USERNAME _____

PASSWORD _____

NOTES _____

D

NAME _____

WEBSITE _____

USERNAME _____

PASSWORD _____

NOTES _____

NAME _____

WEBSITE _____

USERNAME _____

PASSWORD _____

NOTES _____

NAME _____

WEBSITE _____

USERNAME _____

PASSWORD _____

NOTES _____

NAME _____

WEBSITE _____

USERNAME _____

PASSWORD _____

NOTES _____

NAME _____

WEBSITE _____

USERNAME _____

PASSWORD _____

NOTES _____

NAME _____

WEBSITE _____

USERNAME _____

PASSWORD _____

NOTES _____

E

NAME _____

WEBSITE _____

USERNAME _____

PASSWORD _____

NOTES _____

NAME _____

WEBSITE _____

USERNAME _____

PASSWORD _____

NOTES _____

NAME _____

WEBSITE _____

USERNAME _____

PASSWORD _____

NOTES _____

NAME _____

WEBSITE _____

USERNAME _____

PASSWORD _____

NOTES _____

NAME _____

WEBSITE _____

USERNAME _____

PASSWORD _____

NOTES _____

NAME _____

WEBSITE _____

USERNAME _____

PASSWORD _____

NOTES _____

E

NAME _____

WEBSITE _____

USERNAME _____

PASSWORD _____

NOTES _____

NAME _____

WEBSITE _____

USERNAME _____

PASSWORD _____

NOTES _____

NAME _____

WEBSITE _____

USERNAME _____

PASSWORD _____

NOTES _____

NAME _____

WEBSITE _____

USERNAME _____

PASSWORD _____

NOTES _____

NAME _____

WEBSITE _____

USERNAME _____

PASSWORD _____

NOTES _____

NAME _____

WEBSITE _____

USERNAME _____

PASSWORD _____

NOTES _____

F

NAME _____

WEBSITE _____

USERNAME _____

PASSWORD _____

NOTES _____

NAME _____

WEBSITE _____

USERNAME _____

PASSWORD _____

NOTES _____

NAME _____

WEBSITE _____

USERNAME _____

PASSWORD _____

NOTES _____

NAME _____

WEBSITE _____

USERNAME _____

PASSWORD _____

NOTES _____

NAME _____

WEBSITE _____

USERNAME _____

PASSWORD _____

NOTES _____

NAME _____

WEBSITE _____

USERNAME _____

PASSWORD _____

NOTES _____

F

NAME _____

WEBSITE _____

USERNAME _____

PASSWORD _____

NOTES _____

NAME _____

WEBSITE _____

USERNAME _____

PASSWORD _____

NOTES _____

NAME _____

WEBSITE _____

USERNAME _____

PASSWORD _____

NOTES _____

NAME _____

WEBSITE _____

USERNAME _____

PASSWORD _____

NOTES _____

NAME _____

WEBSITE _____

USERNAME _____

PASSWORD _____

NOTES _____

NAME _____

WEBSITE _____

USERNAME _____

PASSWORD _____

NOTES _____

G

NAME _____

WEBSITE _____

USERNAME _____

PASSWORD _____

NOTES _____

NAME _____

WEBSITE _____

USERNAME _____

PASSWORD _____

NOTES _____

NAME _____

WEBSITE _____

USERNAME _____

PASSWORD _____

NOTES _____

NAME _____

WEBSITE _____

USERNAME _____

PASSWORD _____

NOTES _____

NAME _____

WEBSITE _____

USERNAME _____

PASSWORD _____

NOTES _____

NAME _____

WEBSITE _____

USERNAME _____

PASSWORD _____

NOTES _____

G

NAME _____

WEBSITE _____

USERNAME _____

PASSWORD _____

NOTES _____

NAME _____

WEBSITE _____

USERNAME _____

PASSWORD _____

NOTES _____

NAME _____

WEBSITE _____

USERNAME _____

PASSWORD _____

NOTES _____

NAME _____

WEBSITE _____

USERNAME _____

PASSWORD _____

NOTES _____

NAME _____

WEBSITE _____

USERNAME _____

PASSWORD _____

NOTES _____

NAME _____

WEBSITE _____

USERNAME _____

PASSWORD _____

NOTES _____

H

NAME _____

WEBSITE _____

USERNAME _____

PASSWORD _____

NOTES _____

NAME _____

WEBSITE _____

USERNAME _____

PASSWORD _____

NOTES _____

NAME _____

WEBSITE _____

USERNAME _____

PASSWORD _____

NOTES _____

NAME _____

WEBSITE _____

USERNAME _____

PASSWORD _____

NOTES _____

NAME _____

WEBSITE _____

USERNAME _____

PASSWORD _____

NOTES _____

NAME _____

WEBSITE _____

USERNAME _____

PASSWORD _____

NOTES _____

H

NAME _____

WEBSITE _____

USERNAME _____

PASSWORD _____

NOTES _____

NAME _____

WEBSITE _____

USERNAME _____

PASSWORD _____

NOTES _____

NAME _____

WEBSITE _____

USERNAME _____

PASSWORD _____

NOTES _____

NAME _____

WEBSITE _____

USERNAME _____

PASSWORD _____

NOTES _____

NAME _____

WEBSITE _____

USERNAME _____

PASSWORD _____

NOTES _____

NAME _____

WEBSITE _____

USERNAME _____

PASSWORD _____

NOTES _____

NAME _____

WEBSITE _____

USERNAME _____

PASSWORD _____

NOTES _____

NAME _____

WEBSITE _____

USERNAME _____

PASSWORD _____

NOTES _____

NAME _____

WEBSITE _____

USERNAME _____

PASSWORD _____

NOTES _____

NAME _____

WEBSITE _____

USERNAME _____

PASSWORD _____

NOTES _____

NAME _____

WEBSITE _____

USERNAME _____

PASSWORD _____

NOTES _____

NAME _____

WEBSITE _____

USERNAME _____

PASSWORD _____

NOTES _____

I

NAME _____

WEBSITE _____

USERNAME _____

PASSWORD _____

NOTES _____

NAME _____

WEBSITE _____

USERNAME _____

PASSWORD _____

NOTES _____

NAME _____

WEBSITE _____

USERNAME _____

PASSWORD _____

NOTES _____

NAME _____

WEBSITE _____

USERNAME _____

PASSWORD _____

NOTES _____

NAME _____

WEBSITE _____

USERNAME _____

PASSWORD _____

NOTES _____

NAME _____

WEBSITE _____

USERNAME _____

PASSWORD _____

NOTES _____

J

NAME _____

WEBSITE _____

USERNAME _____

PASSWORD _____

NOTES _____

NAME _____

WEBSITE _____

USERNAME _____

PASSWORD _____

NOTES _____

NAME _____

WEBSITE _____

USERNAME _____

PASSWORD _____

NOTES _____

NAME _____

WEBSITE _____

USERNAME _____

PASSWORD _____

NOTES _____

NAME _____

WEBSITE _____

USERNAME _____

PASSWORD _____

NOTES _____

NAME _____

WEBSITE _____

USERNAME _____

PASSWORD _____

NOTES _____

J

NAME _____

WEBSITE _____

USERNAME _____

PASSWORD _____

NOTES _____

NAME _____

WEBSITE _____

USERNAME _____

PASSWORD _____

NOTES _____

NAME _____

WEBSITE _____

USERNAME _____

PASSWORD _____

NOTES _____

NAME _____

WEBSITE _____

USERNAME _____

PASSWORD _____

NOTES _____

NAME _____

WEBSITE _____

USERNAME _____

PASSWORD _____

NOTES _____

NAME _____

WEBSITE _____

USERNAME _____

PASSWORD _____

NOTES _____

K

NAME _____

WEBSITE _____

USERNAME _____

PASSWORD _____

NOTES _____

NAME _____

WEBSITE _____

USERNAME _____

PASSWORD _____

NOTES _____

NAME _____

WEBSITE _____

USERNAME _____

PASSWORD _____

NOTES _____

NAME _____

WEBSITE _____

USERNAME _____

PASSWORD _____

NOTES _____

NAME _____

WEBSITE _____

USERNAME _____

PASSWORD _____

NOTES _____

NAME _____

WEBSITE _____

USERNAME _____

PASSWORD _____

NOTES _____

K

NAME _____

WEBSITE _____

USERNAME _____

PASSWORD _____

NOTES _____

NAME _____

WEBSITE _____

USERNAME _____

PASSWORD _____

NOTES _____

NAME _____

WEBSITE _____

USERNAME _____

PASSWORD _____

NOTES _____

NAME _____

WEBSITE _____

USERNAME _____

PASSWORD _____

NOTES _____

NAME _____

WEBSITE _____

USERNAME _____

PASSWORD _____

NOTES _____

NAME _____

WEBSITE _____

USERNAME _____

PASSWORD _____

NOTES _____

L

NAME _____

WEBSITE _____

USERNAME _____

PASSWORD _____

NOTES _____

NAME _____

WEBSITE _____

USERNAME _____

PASSWORD _____

NOTES _____

NAME _____

WEBSITE _____

USERNAME _____

PASSWORD _____

NOTES _____

NAME _____

WEBSITE _____

USERNAME _____

PASSWORD _____

NOTES _____

NAME _____

WEBSITE _____

USERNAME _____

PASSWORD _____

NOTES _____

NAME _____

WEBSITE _____

USERNAME _____

PASSWORD _____

NOTES _____

L

NAME _____

WEBSITE _____

USERNAME _____

PASSWORD _____

NOTES _____

NAME _____

WEBSITE _____

USERNAME _____

PASSWORD _____

NOTES _____

NAME _____

WEBSITE _____

USERNAME _____

PASSWORD _____

NOTES _____

NAME _____

WEBSITE _____

USERNAME _____

PASSWORD _____

NOTES _____

NAME _____

WEBSITE _____

USERNAME _____

PASSWORD _____

NOTES _____

NAME _____

WEBSITE _____

USERNAME _____

PASSWORD _____

NOTES _____

M

NAME _____

WEBSITE _____

USERNAME _____

PASSWORD _____

NOTES _____

NAME _____

WEBSITE _____

USERNAME _____

PASSWORD _____

NOTES _____

NAME _____

WEBSITE _____

USERNAME _____

PASSWORD _____

NOTES _____

NAME _____

WEBSITE _____

USERNAME _____

PASSWORD _____

NOTES _____

NAME _____

WEBSITE _____

USERNAME _____

PASSWORD _____

NOTES _____

NAME _____

WEBSITE _____

USERNAME _____

PASSWORD _____

NOTES _____

M

NAME _____

WEBSITE _____

USERNAME _____

PASSWORD _____

NOTES _____

NAME _____

WEBSITE _____

USERNAME _____

PASSWORD _____

NOTES _____

NAME _____

WEBSITE _____

USERNAME _____

PASSWORD _____

NOTES _____

NAME _____

WEBSITE _____

USERNAME _____

PASSWORD _____

NOTES _____

NAME _____

WEBSITE _____

USERNAME _____

PASSWORD _____

NOTES _____

NAME _____

WEBSITE _____

USERNAME _____

PASSWORD _____

NOTES _____

N

NAME _____

WEBSITE _____

USERNAME _____

PASSWORD _____

NOTES _____

NAME _____

WEBSITE _____

USERNAME _____

PASSWORD _____

NOTES _____

NAME _____

WEBSITE _____

USERNAME _____

PASSWORD _____

NOTES _____

NAME _____

WEBSITE _____

USERNAME _____

PASSWORD _____

NOTES _____

NAME _____

WEBSITE _____

USERNAME _____

PASSWORD _____

NOTES _____

NAME _____

WEBSITE _____

USERNAME _____

PASSWORD _____

NOTES _____

N

NAME _____

WEBSITE _____

USERNAME _____

PASSWORD _____

NOTES _____

NAME _____

WEBSITE _____

USERNAME _____

PASSWORD _____

NOTES _____

NAME _____

WEBSITE _____

USERNAME _____

PASSWORD _____

NOTES _____

NAME _____

WEBSITE _____

USERNAME _____

PASSWORD _____

NOTES _____

NAME _____

WEBSITE _____

USERNAME _____

PASSWORD _____

NOTES _____

NAME _____

WEBSITE _____

USERNAME _____

PASSWORD _____

NOTES _____

O

NAME _____

WEBSITE _____

USERNAME _____

PASSWORD _____

NOTES _____

NAME _____

WEBSITE _____

USERNAME _____

PASSWORD _____

NOTES _____

NAME _____

WEBSITE _____

USERNAME _____

PASSWORD _____

NOTES _____

NAME _____

WEBSITE _____

USERNAME _____

PASSWORD _____

NOTES _____

NAME _____

WEBSITE _____

USERNAME _____

PASSWORD _____

NOTES _____

NAME _____

WEBSITE _____

USERNAME _____

PASSWORD _____

NOTES _____

O

NAME _____

WEBSITE _____

USERNAME _____

PASSWORD _____

NOTES _____

NAME _____

WEBSITE _____

USERNAME _____

PASSWORD _____

NOTES _____

NAME _____

WEBSITE _____

USERNAME _____

PASSWORD _____

NOTES _____

NAME _____

WEBSITE _____

USERNAME _____

PASSWORD _____

NOTES _____

NAME _____

WEBSITE _____

USERNAME _____

PASSWORD _____

NOTES _____

NAME _____

WEBSITE _____

USERNAME _____

PASSWORD _____

NOTES _____

P

NAME _____

WEBSITE _____

USERNAME _____

PASSWORD _____

NOTES _____

NAME _____

WEBSITE _____

USERNAME _____

PASSWORD _____

NOTES _____

NAME _____

WEBSITE _____

USERNAME _____

PASSWORD _____

NOTES _____

NAME _____

WEBSITE _____

USERNAME _____

PASSWORD _____

NOTES _____

NAME _____

WEBSITE _____

USERNAME _____

PASSWORD _____

NOTES _____

NAME _____

WEBSITE _____

USERNAME _____

PASSWORD _____

NOTES _____

P

NAME _____

WEBSITE _____

USERNAME _____

PASSWORD _____

NOTES _____

NAME _____

WEBSITE _____

USERNAME _____

PASSWORD _____

NOTES _____

NAME _____

WEBSITE _____

USERNAME _____

PASSWORD _____

NOTES _____

NAME _____

WEBSITE _____

USERNAME _____

PASSWORD _____

NOTES _____

NAME _____

WEBSITE _____

USERNAME _____

PASSWORD _____

NOTES _____

NAME _____

WEBSITE _____

USERNAME _____

PASSWORD _____

NOTES _____

Q

NAME _____

WEBSITE _____

USERNAME _____

PASSWORD _____

NOTES _____

NAME _____

WEBSITE _____

USERNAME _____

PASSWORD _____

NOTES _____

NAME _____

WEBSITE _____

USERNAME _____

PASSWORD _____

NOTES _____

NAME _____

WEBSITE _____

USERNAME _____

PASSWORD _____

NOTES _____

NAME _____

WEBSITE _____

USERNAME _____

PASSWORD _____

NOTES _____

NAME _____

WEBSITE _____

USERNAME _____

PASSWORD _____

NOTES _____

Q

NAME _____

WEBSITE _____

USERNAME _____

PASSWORD _____

NOTES _____

NAME _____

WEBSITE _____

USERNAME _____

PASSWORD _____

NOTES _____

NAME _____

WEBSITE _____

USERNAME _____

PASSWORD _____

NOTES _____

NAME _____

WEBSITE _____

USERNAME _____

PASSWORD _____

NOTES _____

NAME _____

WEBSITE _____

USERNAME _____

PASSWORD _____

NOTES _____

NAME _____

WEBSITE _____

USERNAME _____

PASSWORD _____

NOTES _____

R

NAME _____

WEBSITE _____

USERNAME _____

PASSWORD _____

NOTES _____

NAME _____

WEBSITE _____

USERNAME _____

PASSWORD _____

NOTES _____

NAME _____

WEBSITE _____

USERNAME _____

PASSWORD _____

NOTES _____

NAME _____

WEBSITE _____

USERNAME _____

PASSWORD _____

NOTES _____

NAME _____

WEBSITE _____

USERNAME _____

PASSWORD _____

NOTES _____

NAME _____

WEBSITE _____

USERNAME _____

PASSWORD _____

NOTES _____

R

NAME _____

WEBSITE _____

USERNAME _____

PASSWORD _____

NOTES _____

NAME _____

WEBSITE _____

USERNAME _____

PASSWORD _____

NOTES _____

NAME _____

WEBSITE _____

USERNAME _____

PASSWORD _____

NOTES _____

NAME _____

WEBSITE _____

USERNAME _____

PASSWORD _____

NOTES _____

NAME _____

WEBSITE _____

USERNAME _____

PASSWORD _____

NOTES _____

NAME _____

WEBSITE _____

USERNAME _____

PASSWORD _____

NOTES _____

S

NAME _____

WEBSITE _____

USERNAME _____

PASSWORD _____

NOTES _____

NAME _____

WEBSITE _____

USERNAME _____

PASSWORD _____

NOTES _____

NAME _____

WEBSITE _____

USERNAME _____

PASSWORD _____

NOTES _____

NAME _____

WEBSITE _____

USERNAME _____

PASSWORD _____

NOTES _____

NAME _____

WEBSITE _____

USERNAME _____

PASSWORD _____

NOTES _____

NAME _____

WEBSITE _____

USERNAME _____

PASSWORD _____

NOTES _____

S

NAME _____

WEBSITE _____

USERNAME _____

PASSWORD _____

NOTES _____

NAME _____

WEBSITE _____

USERNAME _____

PASSWORD _____

NOTES _____

NAME _____

WEBSITE _____

USERNAME _____

PASSWORD _____

NOTES _____

NAME _____

WEBSITE _____

USERNAME _____

PASSWORD _____

NOTES _____

NAME _____

WEBSITE _____

USERNAME _____

PASSWORD _____

NOTES _____

NAME _____

WEBSITE _____

USERNAME _____

PASSWORD _____

NOTES _____

T

NAME _____

WEBSITE _____

USERNAME _____

PASSWORD _____

NOTES _____

NAME _____

WEBSITE _____

USERNAME _____

PASSWORD _____

NOTES _____

NAME _____

WEBSITE _____

USERNAME _____

PASSWORD _____

NOTES _____

NAME _____

WEBSITE _____

USERNAME _____

PASSWORD _____

NOTES _____

NAME _____

WEBSITE _____

USERNAME _____

PASSWORD _____

NOTES _____

NAME _____

WEBSITE _____

USERNAME _____

PASSWORD _____

NOTES _____

T

NAME _____

WEBSITE _____

USERNAME _____

PASSWORD _____

NOTES _____

NAME _____

WEBSITE _____

USERNAME _____

PASSWORD _____

NOTES _____

NAME _____

WEBSITE _____

USERNAME _____

PASSWORD _____

NOTES _____

NAME _____

WEBSITE _____

USERNAME _____

PASSWORD _____

NOTES _____

NAME _____

WEBSITE _____

USERNAME _____

PASSWORD _____

NOTES _____

NAME _____

WEBSITE _____

USERNAME _____

PASSWORD _____

NOTES _____

U

NAME _____

WEBSITE _____

USERNAME _____

PASSWORD _____

NOTES _____

NAME _____

WEBSITE _____

USERNAME _____

PASSWORD _____

NOTES _____

NAME _____

WEBSITE _____

USERNAME _____

PASSWORD _____

NOTES _____

NAME _____

WEBSITE _____

USERNAME _____

PASSWORD _____

NOTES _____

NAME _____

WEBSITE _____

USERNAME _____

PASSWORD _____

NOTES _____

NAME _____

WEBSITE _____

USERNAME _____

PASSWORD _____

NOTES _____

U

NAME _____

WEBSITE _____

USERNAME _____

PASSWORD _____

NOTES _____

NAME _____

WEBSITE _____

USERNAME _____

PASSWORD _____

NOTES _____

NAME _____

WEBSITE _____

USERNAME _____

PASSWORD _____

NOTES _____

NAME _____

WEBSITE _____

USERNAME _____

PASSWORD _____

NOTES _____

NAME _____

WEBSITE _____

USERNAME _____

PASSWORD _____

NOTES _____

NAME _____

WEBSITE _____

USERNAME _____

PASSWORD _____

NOTES _____

V

NAME _____

WEBSITE _____

USERNAME _____

PASSWORD _____

NOTES _____

NAME _____

WEBSITE _____

USERNAME _____

PASSWORD _____

NOTES _____

NAME _____

WEBSITE _____

USERNAME _____

PASSWORD _____

NOTES _____

NAME _____

WEBSITE _____

USERNAME _____

PASSWORD _____

NOTES _____

NAME _____

WEBSITE _____

USERNAME _____

PASSWORD _____

NOTES _____

NAME _____

WEBSITE _____

USERNAME _____

PASSWORD _____

NOTES _____

V

NAME _____

WEBSITE _____

USERNAME _____

PASSWORD _____

NOTES _____

NAME _____

WEBSITE _____

USERNAME _____

PASSWORD _____

NOTES _____

NAME _____

WEBSITE _____

USERNAME _____

PASSWORD _____

NOTES _____

NAME _____

WEBSITE _____

USERNAME _____

PASSWORD _____

NOTES _____

NAME _____

WEBSITE _____

USERNAME _____

PASSWORD _____

NOTES _____

NAME _____

WEBSITE _____

USERNAME _____

PASSWORD _____

NOTES _____

W

NAME _____

WEBSITE _____

USERNAME _____

PASSWORD _____

NOTES _____

NAME _____

WEBSITE _____

USERNAME _____

PASSWORD _____

NOTES _____

NAME _____

WEBSITE _____

USERNAME _____

PASSWORD _____

NOTES _____

NAME _____

WEBSITE _____

USERNAME _____

PASSWORD _____

NOTES _____

NAME _____

WEBSITE _____

USERNAME _____

PASSWORD _____

NOTES _____

NAME _____

WEBSITE _____

USERNAME _____

PASSWORD _____

NOTES _____

W

NAME _____

WEBSITE _____

USERNAME _____

PASSWORD _____

NOTES _____

NAME _____

WEBSITE _____

USERNAME _____

PASSWORD _____

NOTES _____

NAME _____

WEBSITE _____

USERNAME _____

PASSWORD _____

NOTES _____

NAME _____

WEBSITE _____

USERNAME _____

PASSWORD _____

NOTES _____

NAME _____

WEBSITE _____

USERNAME _____

PASSWORD _____

NOTES _____

NAME _____

WEBSITE _____

USERNAME _____

PASSWORD _____

NOTES _____

X

NAME _____

WEBSITE _____

USERNAME _____

PASSWORD _____

NOTES _____

NAME _____

WEBSITE _____

USERNAME _____

PASSWORD _____

NOTES _____

NAME _____

WEBSITE _____

USERNAME _____

PASSWORD _____

NOTES _____

NAME _____

WEBSITE _____

USERNAME _____

PASSWORD _____

NOTES _____

NAME _____

WEBSITE _____

USERNAME _____

PASSWORD _____

NOTES _____

NAME _____

WEBSITE _____

USERNAME _____

PASSWORD _____

NOTES _____

X

NAME _____

WEBSITE _____

USERNAME _____

PASSWORD _____

NOTES _____

NAME _____

WEBSITE _____

USERNAME _____

PASSWORD _____

NOTES _____

NAME _____

WEBSITE _____

USERNAME _____

PASSWORD _____

NOTES _____

NAME _____

WEBSITE _____

USERNAME _____

PASSWORD _____

NOTES _____

NAME _____

WEBSITE _____

USERNAME _____

PASSWORD _____

NOTES _____

NAME _____

WEBSITE _____

USERNAME _____

PASSWORD _____

NOTES _____

Y

NAME _____

WEBSITE _____

USERNAME _____

PASSWORD _____

NOTES _____

NAME _____

WEBSITE _____

USERNAME _____

PASSWORD _____

NOTES _____

NAME _____

WEBSITE _____

USERNAME _____

PASSWORD _____

NOTES _____

NAME _____

WEBSITE _____

USERNAME _____

PASSWORD _____

NOTES _____

NAME _____

WEBSITE _____

USERNAME _____

PASSWORD _____

NOTES _____

NAME _____

WEBSITE _____

USERNAME _____

PASSWORD _____

NOTES _____

Y

NAME _____

WEBSITE _____

USERNAME _____

PASSWORD _____

NOTES _____

NAME _____

WEBSITE _____

USERNAME _____

PASSWORD _____

NOTES _____

NAME _____

WEBSITE _____

USERNAME _____

PASSWORD _____

NOTES _____

NAME _____

WEBSITE _____

USERNAME _____

PASSWORD _____

NOTES _____

NAME _____

WEBSITE _____

USERNAME _____

PASSWORD _____

NOTES _____

NAME _____

WEBSITE _____

USERNAME _____

PASSWORD _____

NOTES _____

Z

NAME _____

WEBSITE _____

USERNAME _____

PASSWORD _____

NOTES _____

NAME _____

WEBSITE _____

USERNAME _____

PASSWORD _____

NOTES _____

NAME _____

WEBSITE _____

USERNAME _____

PASSWORD _____

NOTES _____

NAME _____

WEBSITE _____

USERNAME _____

PASSWORD _____

NOTES _____

NAME _____

WEBSITE _____

USERNAME _____

PASSWORD _____

NOTES _____

NAME _____

WEBSITE _____

USERNAME _____

PASSWORD _____

NOTES _____

Z

NAME _____

WEBSITE _____

USERNAME _____

PASSWORD _____

NOTES _____

NAME _____

WEBSITE _____

USERNAME _____

PASSWORD _____

NOTES _____

NAME _____

WEBSITE _____

USERNAME _____

PASSWORD _____

NOTES _____

NAME _____

WEBSITE _____

USERNAME _____

PASSWORD _____

NOTES _____

NAME _____

WEBSITE _____

USERNAME _____

PASSWORD _____

NOTES _____

NAME _____

WEBSITE _____

USERNAME _____

PASSWORD _____

NOTES _____